CUANDO LA LLUVIA NO MOJE
NUESTROS CUERPOS

CUANDO LA LLUVIA NO MOJE NUESTROS CUERPOS

Ramón Martínez

Valparaíso
EDICIONES

VALPARAÍSO POESÍA

Diseño de interior y maquetación: Chari Nogales
Ilustración de portada e interior: Miguel Carini

Primera edición: abril de 2024

© De los textos: Ramón Martínez

© Valparaíso Ediciones
  C/ Fray Leopoldo, 7 bajo, 18014 Granada
  www.valparaisoediciones.es

ISBN: 978-84-10073-07-4
Depósito Legal: GR 225-2024

Impreso en España - *Printed in Spain*
Gráficas Gami

CUANDO LA LLUVIA NO MOJE
NUESTROS CUERPOS

PRÓLOGO

Empecemos por el final, una vieja pregunta que Ramón Martínez no formula pero que, inevitablemente, nos viene a la cabeza al leer su libro.

¿Qué es un poema y qué es una canción? ¿Son lo mismo? Olvidemos la música y el papel impreso. Quedémonos con las palabras que viajan dentro al compás de algún ritmo. Quedémonos, sobre todo, con su origen y su destino. De dónde vienen, qué buscan. Qué hay detrás de ellas.

Creo que Ramón nos diría que él se alimenta de poemas y canciones, porque están construidas con la misma materia. Con las dudas. Con amor, es decir, con deseo. Con el tiempo, es decir, con la muerte. Con la memoria, o más bien, con el olvido. Con los sueños, más bien los fracasos, y también con los miedos, en realidad, esperanzas. Esa es la materia de estos poemas.

Los buenos poemas, igual que las buenas canciones, ponen palabras a lo que sentimos cuando nos reconocemos. Somos iguales y en la intimidad de otros nos vemos a nosotros mismos. Pero hay que estar muy atentos. No es fácil captarlo. Es un juego de espejos. El poeta se mira, y nos enseña lo que ve, y nosotros lo miramos y, si hay suerte, nos vemos. Lo importante es el principio y el final. Si el poeta no se ve al mirarse, nosotros tampoco nos veremos al mirarlo.

Ramón sabe mirarse y por eso podemos vernos. Conoce este juego y lo domina. No es un juego trivial, le va la vida en ello. No es un juego nuevo, pero nos gusta jugarlo. Y, además, Ramón le da otra vuelta de tuerca. En su mecanismo de espejos las canciones-poema que lo inspiraron traen nuevos poemas-canciones que invitan al lector a quedarse con él en instantes que quizás no habíamos visto, o no queríamos, o no sabíamos ver.

Ramón viaja por sus noches de insomnio, teme más a sus dudas que a casi nada, se hunde en la carne de los cuerpos enredados, se cuestiona el tiempo y pasea por el filo de lo que le duele. Y en tiempos de urgencias y de superficie es de agradecer que Ramón decida mirarse de frente, lejos de la prisa, por donde anda el silencio, como él nos dice. Ahí es donde mejor resuenan las buenas canciones y, sobre todo, los buenos poemas en los que al verlo, nos vemos.

JUAN ALBERTO MARTÍNEZ
CANTANTE DE "NIÑOS MUTANTES"

APOLOGÍA DE LA DUDA

CIELOS ESTRELLADOS

Hoy la vida nos ha dado la espalda.
Es difícil soñar otro cielo estrellado.
Ahora que el sol no es más que un recuerdo
las heridas se estrellan contra la ventana
y la duda pasea por la espalda y el techo.
Hace frío. Lo sé. El tiempo congela el pasado.
Los rostros ya no tienen nombres.
No besan las bocas. Ya no hay abrazos.
Hoy la vida nos ha dado la espalda.
¡Quién supiera soñar otro cielo estrellado!

¿Y TÚ QUE SABRÁS…?

¿Y tú qué sabrás
lo que hiere la duda?
Es de noche y las horas
me desnudan sin prisa.
Se deslizan mis dedos
por los párpados quietos.
No hay retorno en la aurora
bañada de espejos.
El mañana es un sueño
vacío hasta el fondo
con olor a silencio
y a maleta vieja.
Mi reloj recuerda
una mirada antigua.
No hay descanso lejos
de mi piel sin miedos.
Una luz muy tenue
hiere las pupilas
y penetra fuerte
su verdad a medias.
Ya no hay espacio
para el sueño esquivo.
Solo las cenizas
de promesas viejas.
Entonces me asalta

una sola pregunta.
Me dispara al pecho
como una descarga
mientras lenta aprieta
sutil la garganta.
¿Y tú que sabrás
lo que hiere la duda?
¿Y tú que sabrás
lo que esconde el alba?

HORA CONVENIDA

Llegas lenta
arrinconando el corazón
con los labios secos
y la piel herida.
Te refugias en la sombra
respirando pausada
las cenizas de un recuerdo
con vistas a otra vida.
Eres fiel a la cita
y puntual como una llaga
con ascuas de luz
sobre una raíz marchita.
Te desnudas
y te haces miedo
hurgando en el fondo
de una memoria ardida.
Te arrastras
como una daga roma
sin rumbo conocido
segura en su caída.
Y yo te espero
con los ojos abiertos
DUDA inquebrantable
a la hora convenida.

DUDA

Nadie sabe la verdad que otros esconden.
Debe ser distinta en cada caso.
No obstante, el tiempo es su horizonte.
A veces va y se viste de fracaso.
Yo la conozco.
He convivido con ella.
Primero trepa silenciosa la garganta.
Luego hace temblar incluso a un árbol.
Alguna vez me quiso.
Creo. Estoy confuso.
Tal vez también la quise.
Una noche incluso me estrechó en sus brazos.
Siempre la tuve en el recuerdo.
Va a mi lado agazapada en cada paso.
Hoy te acepto así, tal como eres.
Hoy te digo SÍ hasta el ocaso.

YO SOY CONTIGO

Eras ceniza de ascua derrotada.
Sombra sin cuerpo en busca de consuelo.
Hora desolada en un reloj de arena.
Vidrio forjado sobre el cristal del miedo.
Eras aurora huérfana de horizontes.
Luna ahogada en este mar de hielo.
Barco a la deriva en noche sin estrellas.
Duda desnuda arañando el cielo.
Eras. Fuiste. Serás. Habrías sido.
Quizás todo fue sueño. Yo soy contigo.

AL OTRO LADO DEL MIEDO

Me asustas.
No entiendo tus silencios.
Hieres a veces.
Otras eres consuelo.
Me asustas.
No lo niego.
Eres sombra de deseo.
Quizás lunar en la espalda.
Brisa sin sentido.
Desnudo en horizonte.
Fuego.
Me asustas.
Sí. Felicidad sencilla.
Duda sobre el pecho.
Cicatriz de sueño.
Me asustas.
Cómo me asustas.
Tu abrazo adormece.
Tu boca me sumerge.
Pero también te quiero.
Me asustas.
No entiendo tus silencios.

EN LOS OJOS LA AGONÍA

Es otoño en tus ojos
y la lluvia resbala por las mejillas
como hojas mecidas por el viento.
Hace frío.
Los músculos han sido vencidos
por el sueño.
Los minutos aplastan el tiempo
con la rutina inexorable
de las horas bañadas por la duda.
La vida es un reflejo en la memoria.
Su fruto es tan amargo
como la melancolía.
Sí. Es otoño en los ojos
que buscan el invierno
y encuentran su agonía.

VERDADES ETERNAS

No hay verdad más eterna que la duda.
Se esconde a cada paso en cada esquina.
Te persigue, te desnuda, te vigila
y aroma de sueños la rutina.
No. No hay verdad más eterna que la duda.

CUANDO…

Cuando todos los que estamos
ya no estemos.
Cuando ya no exista
ni la melancolía.
Cuando no seamos
tan siquiera sueños.
Cuando ni la duda
se pasee por nuestras vidas.
Espero al menos que uno de mis versos
inunde otros labios de poesía.
Cuando todos los que estamos
ya no estemos.
Cuando las miradas
ya no encuentren nuestros días.

EL AMOR Y OTROS DESASTRES NATURALES

EL CORAZÓN ES UN RÍO

De repente eres abril
y llueves sobre mi rostro.
Desde entonces
detesto los paraguas
y sueño arcoíris.
Sí. De repente eres abril
y mi corazón un río.

DE CARICIAS

Acariciarte es llegar a casa.

POÉTICA

Ella era prosa poética.
Él solo verso libre.
A veces, la rima es caprichosa.

HUNDIR LA FLOTA

E2
Tocado…
por tus ojos.
M3
Tocado…
por tu risa.
I7
Hundido…
en tus orillas.

MEMORIA

No hay memoria tan fiel como el olvido.

HAIKU DE LA TARDE INCENDIARIA

Eran sus labios
el rojo atardecer
de un gran incendio.

DESPERTAR

Amanece que no es poco
y tú y yo somos uno
que lo es todo.

EL CIELO EN EL INFIERNO

En sus labios confluían
el cielo y el infierno.
Cada gesto era
un milagroso asombro
que incitaba a perderse
en sus pliegues desnudos.
Cómo no iba
a refugiarme en ellos,
yo que siempre soñé
ser ángel y demonio.
En sus labios confluían
el cielo y el infierno.
Mis labios ya no quieren
buscar el paraíso.

LA PIEL ENCENDIDA

Cuando llegue la noche
y se duerman las heridas;
cuando se apague el mundo
y no encuentre la salida,
recuerda que te estoy buscando.
Déjame la piel siempre encendida.

VERSOS DE PIEL

Quiero escribirte un verso tan sencillo
que pueda acariciarte mientras duermes.

LA VERDAD DE LAS COSAS

En tu cuerpo
todas las cosas
cobran su sentido.

EN ALGÚN LUGAR DEL MAPA

Sí.
Al mirarte
comprendí
que serías
mi ciudad
favorita.

EXAMEN FINAL

En sus ojos
estaban las respuestas
a todas las preguntas.

DE MANOS Y CINTURAS

Si alguna vez mi mano te tocara
sabrías la verdad:
tu cintura está hecha a su medida.

TÚ

Al borde de tus ojos
el mundo es una herida,
pero duele menos.

PERDONA LA IMPERICIA DE MIS DEDOS

Si alguna vez te encuentras en mi verso,

perdona la impericia de mis dedos

al recorrer tu cuerpo con palabras.

El mar con sus silencios y sus prisas,

la noche y su desnudo sobre el alba

no pueden tan siquiera compararse

a uno de los lunares de tu espalda.

Si alguna vez te encuentras en mi verso,

entiende que eres aire que se escapa.

La piel tiene su idioma inconfesable.

Su aroma es una rima sin mañana.

Disculpa de verdad que no detalle

el rubor incendiario que provocan

uno a uno los pliegues de tu boca.

Si alguna vez te encuentras en mi verso.

Si alguna vez mi verso va y te toca.

EL POETA Y SUS OFICIOS

OFICIO DE POETA

Y así me convertí en la herida
por donde sangra el mundo.

DIARIO DE UN POETA NÁUFRAGO

Después de mirarme en tus ojos
escribí estos versos
para no ahogarme.

MUJER DE AGUA

Se desvistió serena
y se hizo flor de carne y hueso.
Mientras se alejaba en el horizonte
un espejo de azules la balanceaba.
Entonces se hizo ola
y yo, susurro, viento, brisa
que la empuja a su destino.
Sí. Se desvistió serena
y se hizo mujer de agua.

ALREDEDORES

Miro a mi alrededor
y atisbo tu sonrisa
en ese rayo de sol
que desdibuja mis dedos
en tu rostro.
Las caricias entonces
desnudan los silencios
y buscan ese mundo
ajeno a los finales,
instantáneo, eterno.
Sí. Miro a mi alrededor.
Y allí, sin piel,
bañados por el fuego
eres ventana al mundo,
perfume mismo de verso.

QUIÉN PUDIERA…

El verso se hizo llanto
que recorre los caminos.
El poeta es una herida
de arcoíris y suspiros.
Quién pudiera ser de aire
y acariciar el destino.
Quién pudiera ser de agua
e inundar los precipicios.
Quién pudiera ser de fuego
 y arrasar cuerpos dormidos.
Quién pudiera ser de tierra
bajo un enjambre de lirios.
El verso se hizo llanto
que recorre los caminos.
El poeta es una herida
de arcoíris y suspiros.

VERSOS AL AGUA

Y allí, sin dudarlo,
con su cuaderno de versos
 se arrojó al mar
convirtiendo las olas
en espuma de sueños.

RIMA DE SOMBRAS

Quiso apresar un rayo de sol
en un verso de esquinas siempre rotas.
Quiso desnudar la piel de la duda
en un poema con rima de sombras.
Quiso abrazar la herida intacta
con la armonía sincera de la aurora.
Quiso ser un horizonte huido
que se estrella con el tiempo si lo nombras.

NACIMIENTO DEL POETA

Salió del verso
con la desnudez de la inocencia.
Miró el horizonte
y lo tocó con los dedos del deseo.
Se estremeció
con la llegada del alba.
Lloró al sentir el tacto
del rocío sobre la rosa.
Enmudeció con la calidez
del primer rayo de sol.
Salió del verso.
Sí. Salió del verso
hecho de carne, sueños y esperanza.

RUMBO FIJO

El viento va y se pone de tu parte.
Pocas veces el mar tiene claro su destino.
Una luz azul te guía en el horizonte.
Los sueños han zarpado.
El rumbo es fijo.
No hay duda que te asalte en el camino.
El verso es una flor
  y a la vez también es un cuchillo.
La tierra ya se otea en la distancia.
El rumbo es fijo.
El viento va y se pone de tu parte.
Despliega las velas.
Corta las aguas con suspiros.
Que nada te detenga en esta noche.
El rumbo es fijo.

REINVENTO

Voy a inventarte de nuevo.
Esta vez empezaré por tus recuerdos.
Una caricia en la piel.
Los dedos deshaciéndose en el cuerpo.
La boca que nunca apaga la sed.
Un susurro que sonroja tus silencios.
Ya no tengo que recrearme en los labios,
ni en el cuello, en las piernas o en tu pelo.
Voy a inventarte de nuevo.
Mejor. Distinta. No sé.
Esta vez solo te haré mujer de sueños.

LA VIDA DUELE

Tiembla la carne.
El verso hiere.
El mundo es un recuerdo ya borroso.
Nada queda de ayer.
Hoy ya ha pasado.
Mañana es una duda en el costado.
Tiembla la carne.
La vida duele.

VERSOS CONTRA EL OLVIDO

¿Qué será de nosotros
cuando el tiempo
se olvide de quien somos?
¿Quedarán estos versos
como la huella
de lo que un día fuimos?

EL FINAL DE LOS FINALES

LA ÚLTIMA DERROTA

No temo a la muerte.
La he vencido innumerables veces.
La he mirado a los ojos
y me ha sonreído como quien te quiere.

No la temo, no.
Ella comprende mis miedos
que también son los suyos.
Ha perdido conmigo todas las batallas.

No, no temo a la muerte.
Ella tampoco me teme.
En el fondo somos dos aliados
nacidos para aceptar la última derrota.

Una noche cualquiera
nos abrazaremos sin piel
como dos amantes
que pactan su huida
con la herida intacta.

No temo a la muerte.

ANDA LA VIDA

Lejos de la prisa anda el silencio.
Se viste muy despacio cada día.
A veces se disfraza de recuerdo.
Otras se envuelve de melancolía.
Los lunes va y se esconde en los cajones
o es una foto gastada en la mesilla.
Quizás un martes encuentre un pasaporte
que te recuerde la ciudad donde reías.
Lejos de la prisa anda el silencio.
Lejos del silencio anda la vida.

LA VERDAD DE LA CAÍDA

Septiembre es el mes de los olvidos.
Los ojos se nublan en sus días.
El suero se desliza lentamente.
Lentamente se desliza la agonía.
El cuerpo es un amasijo de huesos.
Los labios, una herida enrojecida.
El aire suave entra por la ventana.
La tarde roza la verdad de la caída.
Septiembre es el mes de los olvidos.
Octubre no verá ya tu sonrisa.

MANOS SOSTENIDAS

Miro las manos que fueron fuertes
temblorosas sobre el viento del ocaso.
El cuerpo es una espiga balanceada
con su fruto de sueño ya cansado.
Los ojos se desnudan de recuerdos.
Los labios solo hablan del pasado.
Los huesos son de arena, casi polvo.
El rostro es un reflejo desolado.
Y yo miro las manos que fueron fuertes.
Mis manos ya no pueden sostener tus manos.

VELOCES SUEÑOS LENTOS

A veces el tiempo se empeña en jugar con nosotros.
Nos creemos veloces en nuestros sueños lentos.
La vida se desliza sobre los rayos cálidos.
La rutina se viste de una fina armonía.
Los días se suceden con urgencias impuestas.
Llueve sobre los rostros limpiando heridas.
Las aguas son recuerdos que chocan contra el suelo.
El cuerpo aún recuerda el tacto de otros cuerpos.
Siempre el tiempo se empeña en jugar con nosotros.
Nos creemos veloces en nuestros sueños lentos.

EL TIEMPO Y SUS MÁRGENES

La derrota no es más que una salida
en este tiempo de márgenes borrosos.
Llegará la hora de la despedida.
El mundo seguirá su curso sin nosotros.
Los días volverán a ser azules.
Las noches una vez más cobijarán a otros.
El viento jugará con sus cabellos.
Las dudas estremecerán los cuerpos rotos.
La derrota no es más que una salida
en este tiempo de márgenes borrosos.

APOSTAR CONTRA LA SUERTE

Ya no quiero días azules
ni un sol de la infancia.
El tiempo es un juego
hecho para perder.
Aposté una mañana
contra mi suerte.
Los dados esquivos
se han burlado de mí.
Ya no quiero molinos
que sean gigantes.
¡Qué más da que un páramo
sea una llama ardiente!
¿Por qué odiar una rosa
que no nos pinchó?
Los números saltan
hoy sobre mi frente.
Mañana seremos
como aquella flor.
Viviremos por siempre
un solo día.
La vida no es más
que ese estribillo
de aquella canción.
Un verso sin rima,
lleno de cadencias.

Una luna sin brillo
en un mar de salón.
Ya no quiero días azules
ni una infancia bañada
por un rayo de sol.

TRES AGRAVIOS

PRIMER AGRAVIO

Llegan primero los ojos.
Se cierran como la noche.
Los sepulta el ocaso.

SEGUNDO AGRAVIO

Las bocas gritan silencio.
Los labios hieren los labios.
La oscuridad es el fracaso.

TERCER AGRAVIO

Los cuerpos ya no se encuentran.
Los ríos no ven el mar.
Ya no suenan nuestros pasos.

VESTIRSE DE SILENCIO

Caen las horas
desnudas como sueños.
Su ruido es un susurro
plagado de miedos.
Varios cuerpos se acarician las heridas.
Las agujas del reloj se detuvieron.
Tal vez mañana alguien los recuerde.
Una foto quizá sea suficiente.
El tiempo es relativo.
La piel ausente.
Sí. Caen las horas
desnudas como sueños.
He decidido vestirme de silencio,
rendirme a lo evidente.

BAILANDO EN EL FILO
DE UN CUCHILLO

ENTENDERÁS EN MIS SILENCIOS
TANTAS COSAS

El día que el presente ya sea historia
Y las aguas se nos calmen de una vez
Entenderás en mis silencios tantas cosas
Las que ahora escribo cuando no me ves.
CUANDO NO ME VES, "LOVE OF LESBIAN"

A veces la razón nos hace daño.
Es imposible saltar muros al revés.
La aurora ciega a los que sueñan.
Yo solo te miro cuando no me ves.

A veces la lógica es un engaño.
Es imposible ahogarse de sed.
El sol quiere ser sombra en medio de la noche.
Yo solo te miro cuando no me ves.

A veces la verdad nos hace daño.
Niega que el primer suspiro fue la piel.
La luna quiere iluminar la ausencia.
Yo solo te miro cuando no me ves.

A veces la certeza es un engaño.
Te grita que no puedes simplemente ser.
El tiempo es una herida que vive en los espejos.
Yo solo te miro cuando no me ves.

El día que el presente ya sea historia
y las aguas se nos calmen de una vez,
entenderás en mis silencios tantas cosas.
Las que ahora escribo cuando no me ves.

BAILANDO EN EL FILO DE UN CUCHILLO

Cuando el mundo pierda toda magia
Cuando mi enemigo sea yo
Cuando me apuñale la nostalgia
Y no reconozca ni mi voz.
RESISTIRÉ, "DÚO DINÁMICO"

Si alguna vez te apuñala la nostalgia
con el frío desnudo de la desolación.
No te rindas.
Nunca le des la espalda.
Nuestras bocas merecen una consolación.

Si alguna vez tu mundo pierde su magia
y con las cartas marcadas te juegas el corazón.
Apuesta siempre al rojo.
Aguanta la embestida.
No hay un enemigo que pueda con los dos.

Si alguna vez se cierran todas las salidas
y los recuerdos recuerdan nuestra canción.
Mira el filo del cuchillo.
Allí, como en un espejo,
estaremos bailando siempre tú y yo.

EL SECRETO MEJOR GUARDADO

No me preguntes hacia dónde vamos,
es el secreto que mejor llevo guardado,
no me preguntes hacia dónde vamos
hasta el momento justo en que hayamos llegado.
EL SECRETO MEJOR GUARDADO, "LORI MEYERS"

Llevaba las manos cargadas de ilusiones.
Un horizonte de sueños eran sus bolsillos.
La luna, al frente.
Detrás, el paraíso.
Hay cuerpos que son aire
que aviva el fuego primitivo.

Llevaba las manos cargadas de ilusiones.
El mundo cabía en el rojo de sus labios.
Las luces de neón.
La noche con su herida.
El mar, al otro lado.
De nuevo, el precipicio.

Llevaba las manos cargadas de ilusiones.
Una maleta de arena
con ropa mal doblada.
Un libro de poemas
y un verso inacabado
donde estaba el secreto mejor guardado.

ASCENSORES COMPARTIDOS

¿Cómo no pude darme cuenta?
Que hay ascensores prohibidos
que hay pecados compartidos
que tú estabas tan cerca.
CON LAS GANAS, ZAHARA

A veces va la vida y se pone de tu parte.
Te toca y te sonroja con sus dedos desbocados.
Entonces te sonríe con un gesto imperceptible
y tú sin más te rindes sin pensar a sus encantos.

¿Quién iba a decirte
que hay pecados prohibidos
y ascensores compartidos
donde encontrarnos tan cerca?

¿Quién iba a decirte
que jugar a ser humanos
era ser una diana
donde arrojar nuestros dardos?

¿Quién iba a decirte
que un disfraz era un espejo
en el que nunca hay consuelo
si no te miras de frente?

¿Quién iba a decirte
que hasta los gatos insomnes
cuando clarea la noche
ansían ser delincuentes?

Y es que a veces va la vida y se pone de tu parte.
Te toca y te sonroja con sus dedos desbocados.
Entonces te sonríe con un gesto imperceptible
y tú sin más te rindes sin pensar a sus encantos.

JUSTO CUANDO EL MUNDO APRIETE

Suerte
Justo cuando el mundo apriete
Mejorando lo presente
Puedes agarrarte a mí.
JUSTO CUANDO EL MUNDO APRIETE, "VIVA SUECIA"

Si todo lo que eres cae al suelo
y el viento no acaricia ya tus días.
Si todo lo soñado es olvido
y las noches, largas horas frías.
Si la herida pierde su sentido
y su cicatriz no consigue que sonrías.
Justo cuando el mundo apriete.
No lo dudes.
Y agárrate a mí.
Que mi vida no es vida sin tu vida.

LUCES DE PORTAL

Hay voces enormes que llenan silencios
y cuentan historias que te ayudarán
miles de sonidos, millones de cielos
el mar tan inmenso, la luz de un portal.
EL VIAJE, CONCHITA

El mundo nos muestra su horizonte herido.
La vida no quiere dejar de jugar.
El tiempo es tan solo lo que aún no has sido.
Mañana la duda tendrá su lugar.

No dejes que el miedo te agarre muy fuerte.
Refúgiate siempre a la luz de un portal.
Que el sol te acaricie y la luna te toque.
Que nadie te haga dejar de soñar.

Desnuda tu risa por los callejones.
Rehúye la prisa de lo que vendrá.
Abraza el momento de la despedida.
Que nadie te impida nunca bailar.

El mundo nos muestra su horizonte herido.
Un mar inmenso nos llena de sal.
El viaje comienza con sus sacudidas.
Tu suerte y mi suerte se han de encontrar.

MALDITA DULZURA

Hablemos de ruina y espina
hablemos de polvo y herida
de mi miedo a las alturas
lo que quieras, pero hablemos.
MALDITA DULZURA, "VETUSTA MORLA"

Maldita dulzura la tuya
—grito desnudo de sueños—.
El mar vocea tu nombre.
Las olas bañan mi cuerpo.

Maldita dulzura la tuya.
La noche sale a mi encuentro.
Tu boca es una herida.
Mis manos viento sin viento.

Maldita dulzura la tuya.
Tus dedos dulce veneno.
Mi pecho llora caricias.
Tu beso una flor sin tiempo.

Maldita dulzura la tuya.
El horizonte es de hielo.
La duda rasga el paisaje.
El amor duele por dentro.

Maldita dulzura la tuya.
Maldita dulzura la mía.
Maldita dulzura lo nuestro.

MATANDO MENTIRAS A TODA VERDAD

Todo un año de duda y silencio
de resaca, de látigo y sal
de luchar, de jugarme la vida
matando mentiras a toda verdad.
MEIUQÈR. "IZAL"

A veces la vida se pone delante
matando mentiras a toda verdad.
Se envuelve de sueños.
Se esconde incesante.
Pretende enseñarnos el bien y el mal.
Nos mira a los ojos.
Incluso sonríe.
Benévola muestra su abrazo de sal.
Te besa en la frente.
Te acaricia el rostro
matando mentiras a toda verdad.
A veces la vida se pone delante.
No apartes la vista.
Saluda sin más.
Presiente el miedo
y entonces ataca.
Que no sepa nunca
que eres de cristal.
A veces la vida se pone delante.
Está en tu mano dejarla detrás.

PRECIPICIOS EN TUS OJOS

Duermo alrededor de tu boca
cuelgo de tu labio sin red.
ACROBACIAS EN EXOPOTAMIA, "SIDONIE"

Al borde de tus ojos hay abismos
que hieren los minutos desolados.
El tiempo es solo un sueño malherido
que persigue tu piel y su pasado.
No hay noches que recuerden nuestros nombres.
El silencio es una sombra en el costado.
La vida nos recuerda su verdad:
dormir en tu boca es colgar sin red allí en tus labios.
Sí. Al borde de tus ojos hay abismos.
Y al borde del abismo, mi naufragio.

INSTANTES

Tú supiste comprender
que lo nuestro no era algo pasajero,
era eterno.
Y la lluvia que cayó
no mojaba nuestros cuerpos imperfectos.
EL INSTANTE, "NIÑOS MUTANTES"

Cae la lluvia pasajera
por el perfil de los pechos.
El tiempo es una herida
que desdibuja los miembros.
El viento susurra un nombre
que ahora ya yo no recuerdo.
La vida tiene sus riesgos
cuando se encuentran los sueños.
Cae la lluvia pasajera
como lágrimas de cielo.
La memoria es un recuerdo
que se estrella contra el miedo.
El horizonte es la duda.
El mañana, níveo fuego.
Tú y yo solo dos instantes.
Los cuerpos son imperfectos.
Cae la lluvia pasajera
en los labios casi eternos.

SALTO AL VACÍO

Dónde estarán esos ojos que no he vuelto a ver.
A quién mirararán, por quién morirán, con qué se encenderán.
Contigo tuve que aceptar que algunas personas entran
en tu vida como una felicidad temporal.
No retengas a quien se va, ni rechaces a quien llega.
El que quiere subir, se inventa una escalera.
PAPRIKA, "LA BIEN QUERIDA"

¿Con qué se encenderán los ojos
que una vez fueron tan míos?
¿A quién mirarán desnudos?
¿Por quién saltarán al vacío?
Dime tú si fue soñado
esto que tengo contigo.
No hay ya escalera que suba
de tu corazón al mío.
No te empeñes en buscarme
cuando te sorprenda el frío.
Hay cuerpos que se merecen
la distancia del olvido.
No eres nada.
Ya lo sabes.
Te llevo dentro metido.

EL DESNUDO DE OTRO CUERPO QUE SE ALEJA

Tengo un hueco donde encaja tu perfil
seis palacios esperando a que vuelvas
veinte tardes de domingo diseñadas para ti
y un ejército de besos en la puerta.
CÓMO HACER QUE VUELVAS, MARWÁN

¿Quién no ha visto alguna vez pasar el tren
o el desnudo de otro cuerpo que se aleja?
¿Quién no ha ahogado con alcohol alguna boca
o ha perdido el corazón en la trastienda?
¿Quién no ha soñado con robar algún amor
o saciar caricias en alguna escalera?
¿Quién mañana no dirá mejor que no
o se arrepentirá de no querer de otra manera?
¿Quién no apuesta una piel al por mayor
o se entrega sin pensar por las aceras?
¿Quién no ha tropezado con las líneas de otras manos
o ha perdido la razón con cantos de sirena?
¿Quién no tiene un hueco donde encaja tu perfil
o una calle que le lleva hasta tu puerta?

CUANDO NO SE HAGA DE NOCHE

Aunque me dejes plantado
cruzaré el norte del norte
seguiré todos tus pasos
cuando no se haga de noche.
LOS ÚLTIMOS ROMÁNTICOS, "LA HABITACIÓN ROJA"

Suena un viento sin respuestas
lejos del sueño y del frío.
De noche ya no es de noche.
Tus pasos ya se han perdido.
El día es sombra en los ojos.
La aurora, un recuerdo herido.
Jugamos a ser eternos.
El tiempo nos ha vencido.
Suena un viento sin respuestas.
Todas se fueron contigo.

EL POEMA SE HIZO CANCIÓN

ARDE LA MADRUGADA

A Fran Fernández,
por incendiar con su voz
esta particular madrugada.

¿Qué sabe el mar de la soledad de las olas?
El día es una herida tallada en mi espalda.
Me miras y ríes, susurras, me atrapas.
Los cuerpos se encuentran.
Arde la madrugada.

El reloj es un sueño vacío hasta el fondo.
Inventamos salidas. Creamos palabras.
Mis brazos persiguen el camino a tu falda.
No hay frío en la noche siempre estrellada.

Tus suspiros ahora son una lengua hablada.
Mis caricias murmullan claves no inventadas.
El rubor de los cuerpos es un rumor de alas.
Tú y yo, apenas dos notas de aquel pentagrama.

¿Qué sabe el mar de la soledad de las olas?
El día es una herida tallada en mi espalda.
Me miras y ríes, susurras, me atrapas.
Los cuerpos se encuentran.
Arde la madrugada.

Llega inconsciente la luz del alba.
Los ojos se miran. Las horas se escapan.
Todo es distinto. Sabe a mañana.
Quién fuera luna envuelta en tus llamas.
Busco en tu boca el recuerdo del agua.
Somos dos extraños persiguiendo la calma.
El reloj incesante detiene las ganas.
El horizonte se viste. Los cuerpos se marchan.

¿Qué sabe el mar de la soledad de las olas?
El día es una herida tallada en mi espalda.
Me miras y ríes, susurras, me atrapas.
Los cuerpos se encuentran.
Arde la madrugada.

Una tarde cualquiera te veo paseando.
Me acerco en silencio. El mundo es extraño.
Quizás no recuerdes mi piel en tus brazos.
La ciudad vigila a los enamorados.

Me atrevo insolente. Te cojo la mano.
Tú no te sorprendes y sigues mis pasos.
La noche se acerca mientras respiramos.
Esta vez no sueltan tu cuerpo mis labios.

¿Qué sabe el mar de la soledad de las olas?
El día es una herida tallada en mi espalda.
Me miras y ríes, susurras, me atrapas.

Los cuerpos se encuentran.
Arde la madrugada.

Y LA OBRA DE ARTE SE CONVIRTIÓ EN POEMA

El abrazo infinito, Miguel Carini

EL ABRAZO INFINITO

A Miguel Carini,
creador de otros abrazos infinitos.

El mundo son dos cuerpos enredados.
El tiempo allí carece de sentido.
La vida no se entiende al otro lado.

Los brazos, un lenguaje apasionado.
Un rumor de colores es el viento.
La piel, un millar de hojas sin pasado.

Los ojos ya no quieren ser de sueño.
Los labios circunscriben lo besado.
Las manos son dueñas de su dueño.

Sí. El mundo son dos cuerpos enredados.
Un abrazo infinito en un instante.
Un cielo de azules estrellados.

ÍNDICE

BAILANDO EN EL FILO DE UN CUCHILLO

EL POEMA SE HIZO CANCIÓN

Y LA OBRA DE ARTE SE CONVIRTIÓ EN POEMA